Yazı Seviyorum
I Love Summer

Shelley Admont ve Danny Shmuilov
İllustrasyon: Sonal Goyal

www.kidkiddos.com
Copyright ©2024 by KidKiddos Books Ltd.
support@kidkiddos.com

All rights reserved. No part of this book may be reproduced in any form or by any electronic or mechanical means, including information storage and retrieval systems, without written permission from the publisher, except in the case of a reviewer, who may quote brief passages embodied in critical articles or in a review.
First edition, 2024

Translated from English by Muhtesem Kartoglu
İngilizce aslından çeviren: Muhtesem Kartoglu

Library and Archives Canada Cataloguing in Publication
I Love Summer (Turkish English Bilingual edition)/ Shelley Admont and Danny Shmuilov
ISBN: 978-1-77959-525-6 paperback
ISBN: 978-1-77959-526-3 hardcover
ISBN: 978-1-77959-524-9 eBook

Please note that the Turkish and English versions of the story have been written to be as close as possible. However, in some cases they differ in order to accommodate nuances and fluidity of each language.

Okulun yaz tatilinden önceki son günüydü. Küçük tavşan Jimmy, öğretmenine el salladı ve hoplayarak okuldan çıktı.

It was the last day of school before summer break. Little bunny Jimmy waved goodbye to his teacher and hopped out of school.

Her zaman olduğu gibi, Jimmy iki ağabeyiyle parkta buluştu ve birlikte eve gittiler.

As always, Jimmy met his two older brothers at the playground, and they went home together.

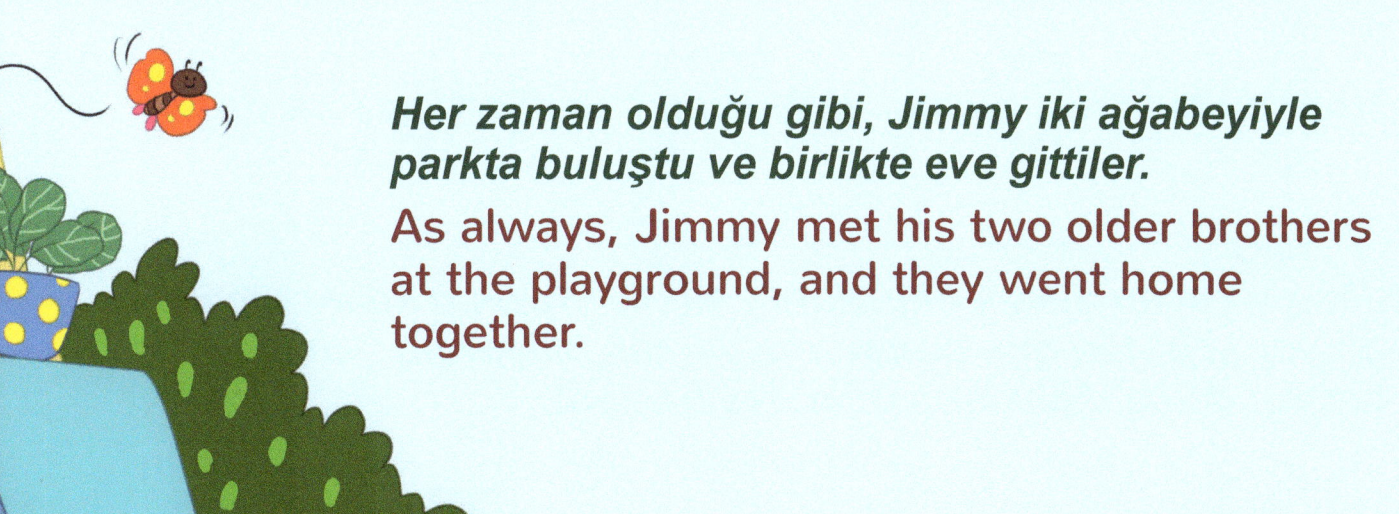

"Bu yaz nehirde yüzmek istiyorum." dedi en büyük kardeşi.

"I want to swim in the river this summer," said his oldest brother.

"Ben de bisiklete binmek istiyorum." dedi ortanca kardeş.

"And I want to ride my bike," said the middle brother.

Jimmy cevap olarak omuzlarını silkti. "Yazın o kadar sıcak oluyor ki bütün gün dondurma yemek istiyorum." dedi ve üç tavşan da kahkahalarla gülmeye başladı.

Jimmy shrugged his shoulders in response. "It's so hot in summer that I just want to eat ice cream all day", and all three bunnies burst into laughter.

Kardeşler eve vardıklarında, kapının eşiğinde onları büyük bir paket bekliyordu. Kutuya iliştirilmiş kartta şöyle yazıyordu:

When the brothers arrived home, a large package was waiting for them on the doorstep. A card attached to the box read:

*"Sevgili torunlarımız,
Umarız harika bir yaz geçirirsiniz.
Sizi çok seviyoruz,
Büyükanne ve Büyükbaba."*

"Dear grandchildren,
We hope you have an amazing summer.
Love you so much,
Grandma and Grandpa."

Kardeşler kutuyu açtılar ve üç tane renkli uçurtma buldular: her biri için bir tane.

The brothers opened the box and found three colorful kites: one for each of them.

Beyaz kuyruklu mavi uçurtma en büyük kardeş içindi.

The blue kite with a white tail was for the oldest brother.

Mavi kuyruklu sarı uçurtma ortanca kardeş içindi.

The yellow kite with a blue tail was for the middle brother.

Jimmy'nin uçurtması en sevdiği renk olan turuncuydu ve sarı bir kuyruğu vardı.

Jimmy's kite was orange, his favorite color, and it had a yellow tail.

Kardeşler heyecanla zıplayarak "Yaşasın!" diye bağırdılar.
"Hurrah!" the brothers shouted together, jumping with excitement.

"Ne oluyor burada?" diye sordu Anne ve Baba aşağıya koşarken.
"What is happening here?" asked Mom and Dad while running downstairs.

Jimmy yüzünde kocaman bir gülümsemeyle haykırdı: "Büyükannemiz ve büyükbabamız bize uçurtma göndermiş!"
"Our grandparents sent us kites!" Jimmy exclaimed with a huge smile on his face.

"Hadi onları uçuralım!" diye bağırdı en büyük kardeş ve üçü birden parka doğru koşmaya başladılar.

"Let's fly them!" shouted the oldest brother, and all three raced to the park.

Anne ve Baba nefes nefese arkalarından koşarak onlara yetişmeye çalıştılar.

Panting, Mom and Dad ran after them, trying to catch up.

Baba onlara uçurtmalarını nasıl tutacaklarını ve rüzgârın uçurtmayı kaldırabilmesi için nerede durmaları gerektiğini gösterdi.

Dad showed them how to hold their kites and where to stand so the wind could lift them.

"Ve unutmayın," dedi, "ipi ÇOK SIKI tutun."

"And remember," he said, "hold the string VERY TIGHT."

En büyük kardeş babasının dediğini yaptı. Rüzgâr onun uçurtmasını aldı ve havaya kaldırdı.

The oldest brother did as Dad said. The wind picked up his kite and carried it high into the air.

Sonra ortanca kardeş denedi ve çok geçmeden onun uçurtması da kardeşinin uçurtmasının yanında uçmaya başladı.

The middle brother tried next, and soon his kite was flying beside his brother's kite.

Şimdi sıra Jimmy'deydi. O da babasının dediğini yaptı ve uçurtması mavi gökyüzüne doğru uçtu.

Now, it was Jimmy's turn. He did just what Dad had told him, and his kite flew up into the blue sky.

Tam o sırada Jimmy güzel bir kelebek gördü. Hoplayarak peşinden gitti ve ipi bıraktı!

Just then, Jimmy saw a beautiful butterfly. He hopped after it... and let go of the string!

Babası uçurtmayı yakalamaya çalıştı ama uçurtma ağaçların üzerine yükseldi ve gözden kayboldu. Jimmy'nin uçurtması kaybolmuştu.

Dad tried to catch it, but the kite soared above the trees and out of sight. Jimmy's kite was lost.

Jimmy "Uçurtmam!" diyerek ağladı. Gözyaşları yanaklarından aşağı aktı.

"My kite!" Jimmy cried. Tears rolled down his cheeks.

Annesi olanları gördü ve olabildiğince hızlı koşarak geldi.

Mom saw what happened and came running as fast as she could.

"Bir fikrim var." dedi Jimmy'ye sıkıca sarılarak.

"I have an idea," she said, hugging Jimmy tightly.

Jimmy gözyaşlarını sildi ve gülümseyerek "Neymiş o?" dedi.

Jimmy wiped his tears and smiled, "What is it?"

Eve geldiklerinde annesi renkli kağıtlar, ipler ve kurdeleler buldu. Bütün aile Jimmy için yeni bir uçurtma yapmak üzere toplandı.

When they arrived home, Mom found some colorful paper, string, and ribbons. The whole family gathered to make a new kite for Jimmy.

Yeni uçurtma parlak ve renkliydi.

The new kite was bright and colorful.

Ertesi gün kahvaltıdan sonra hep birlikte uçurtmalarını uçurmak için parka gittiler.
The next day, after breakfast, they all went to the park to fly their kites.

Bu kez Jimmy'nin uçurtması kardeşlerinin uçurtmalarının yanında güzelce uçtu ve Jimmy ipi sıkıca tuttu.
This time, Jimmy's kite flew beautifully beside his brothers' kites... and he held the string tightly.

"Vay be!" diye sevinçle bağırdı. "Uçurtmama bak, baba! Bak ne kadar yüksekte!"
"Whoo-hooo!" he cheered. "Look at my kite, Dad! Look how high it is!"

Aile tüm günü uçurtmalarıyla oynayarak, parkta koşarak ve gülerek geçirdi.

The family spent the whole day playing with their kites, running in the park, and laughing.

Güneş batmaya başladığında uçurtmaları katlayıp eve gitmeye hazırlanıyorlardı.

When the sun started to set, they folded the kites and were preparing to go home.

Aniden gittikçe artan bir müzik sesi duydular.
Suddenly they heard music, which was getting louder and louder.

"Bu da ne?" diye merak etti Jimmy.
"What is that?" Jimmy wondered.

Kardeşleri birbirlerine gülümsediler. "Bir dondurma kamyonu!" diye sevinçle bağırdılar.
His brothers smiled at each other. "An ice cream truck!" they screamed happily.

"Dondurma istiyorsanız, peşimden koşun!" dedi baba ve tüm aile yüksek sesle gülerek dondurma kamyonuna doğru koştu.

"If you want ice cream, run after me!" said Dad and the whole family ran towards the ice cream truck, laughing loudly.

Dondurmalarını yiyerek güneşin batışını izlediler. "Mükemmel bir yaz günü için ne mükemmel bir son!" dedi Jimmy ve annesine sarıldı.

Eating their ice creams, they watched the sun set. "What a perfect end to a perfect summer day!" said Jimmy, and hugged his mom.

Milton Keynes UK
Ingram Content Group UK Ltd.
UKHW051415011224
451809UK00018B/164